UNE

SOLUTION.

UNE

SOLUTION

M. LATOUR-DUMOULIN fils.

PARIS

CHEZ AMYOT, LIBRAIRE-ÉDITEUR,

RUE DE LA PAIX, 8.

1850.

UNE SOLUTION.

I.

La situation est si compliquée que jusqu'ici personne n'a tenté de définir nettement les moyens d'arriver à une solution (1).

Les causes du mal ont été appréciées de manière à ne laisser aucun doute sur ce qu'on aurait dû faire pour l'éviter. On a sondé à fond la plaie; souvent même on s'est exagéré la portée de certains actes fort innocents des périls qui nous menacent. — On n'a pas craint d'accuser la révolution de 1789 et l'opposition constitutionnelle, sous la Restauration, d'être l'origine des tendances contre lesquelles protestent aujourd'hui les hommes les plus dévoués au maintien d'une sage liberté. — Comme s'il était possible d'établir une ana-

(1) Les remarquables articles publiés par le *Constitutionnel* ont plutôt, selon nous, indiqué la nécessité d'une solution que la véritable solution elle-même.

logie entre les doctrines professées par MM. Proudhon, Cabet, Louis Blanc, et la résistance légitime des libéraux aux exigences ridicules des ultra-royalistes; entre les concessions raisonnables que demandaient tous les cœurs généreux il y a soixante ans, et les prétentions extravagantes des démagogues qui exigent l'abolition de la propriété et de la famille, et qui n'accepteraient aucune espèce d'autorité, aucun frein.

Après avoir constaté les difficultés, les impossibilités de l'état de choses que nous a imposé le gouvernement provisoire, les uns ont renoncé à envisager l'avenir, parce qu'ils ont cru que le hasard seul pouvait amener une solution : —ils comptent sérieusement sur le hasard. — Les autres, enchaînés à des idées préconçues, et se faisant un point d'honneur de rester dans l'ornière du passé, ont fermé les yeux pour ne pas voir que la part du feu doit être largement faite par les hommes de toutes les opinions, sous peine de laisser périr misérablement la France et de précipiter peut-être l'Europe tout entière dans d'irréparables malheurs (1).

Et chacun persiste de bonne foi dans ses opinions. — Effrayé par les progrès des théories anarchiques, on s'affermit tous les jours davantage dans cette pensée qu'un fait providentiel ou le retour d'un principe

(1) L'Europe a ressenti trop vivement, en effet, le contre-coup du 24 février pour que l'on puisse assigner des limites aux conséquences qu'aurait une révolution socialiste.

est notre unique chance de salut, et on attend la fin de la crise sans rien tenter pour la conjurer.

Au lieu de fusionner des intérêts qui sont identiques; au lieu de faire abnégation de préférences individuelles; en un mot, au lieu de s'unir pour s'opposer au danger commun, les diverses nuances du parti conservateur agitent isolément leurs drapeaux. Celui-ci rêve l'empire; celui-là espère une restauration; un troisième appelle de tous ses vœux l'alliance des deux branches de la maison de Bourbon; quelques autres enfin désirent le maintien de la constitution et de la république.

Insensés, qui se refusent à comprendre qu'il ne s'agit plus d'une forme particulière de gouvernement, mais du triomphe de l'ordre ou de l'anarchie, de l'existence ou du suicide de la société moderne!

Et que nous importent vos principes ou vos préférences!

Il n'y a d'autre principe que celui de la conservatio sociale. C'est là le but qui doit exclusivement nous préoccuper : le moyen, — la monarchie ou la république, — n'a de signification réelle que si son utilité ou ses inconvénients se trouvent démontrés.

Espérer qu'aujourd'hui la majorité des citoyens accepterait sans murmurer une royauté de droit divin; — car c'est ainsi qu'elle serait qualifiée; — croire

que l'installation de cette royauté ferait *magiquement*
disparaître tous les maux qui nous affligent, est digne
en vérité desho mmes dont on a dit souvent qu'ils n'a-
vaient rien oublié ni rien appris. Les doctrines philosophiques ont pénétré trop profondément dans l'esprit
des masses, pour qu'on puisse désormais compter sur
un dévouement aveugle à un *idéal* qui ne représente-
rait qu'un parti, qu'une opinion isolée, et qui, ne s'appuyant sur aucune nécessité publique, universelle, ne
serait pas considéré comme la condition suprême de
la stabilité.

La stabilité, l'ordre, tels sont les deux mots de la
situation.

Ce que veut avant tout la France, épuisée par deux
années d'angoisses, c'est un gouvernement qui lui donne
l'ordre et la stabilité ; mais c'est aussi un gouvernement qui ne choque point ses instincts libéraux, et qui,
si les circonstances le forcent à suspendre momentanément et dans l'intérêt général, l'exercice des droits
depuis longtemps acquis, ne se croie pas autorisé, par
son origine, à absorber indéfiniment ces droits. A tort
ou à raison, la bourgeoisie suspectera toujours les
tendances anti-libérales des partisans de la légitimité,
et si le pays accepte jamais M. le comte de Chambord
comme roi, ce sera, nous devons le dire, avec une
répugnance que ce prince est loin de mériter.

D'autre part, s'attacher à la république que définit

la constitution, lorsque les esprits les moins clair-
voyants sont obligés de reconnaître l'imminence des
dangers produits par l'application rigoureuse de cette
constitution, n'est-ce pas une insigne folie?

Eh quoi! l'abîme est ouvert devant nous; chaque
jour qui s'écoule nous en rapproche et rend plus diffi-
cile le retour vers un état normal, et il faudrait rester
sur une pente fatale, il faudrait respecter l'arrêt de
mort de nos ennemis, nous incliner devant la coupe
empoisonnée qui nous a été perfidement offerte comme
un remède souverain!

L'aberration ne saurait être poussée plus loin.

Mais, dit-on, comment sortir de cette impasse qui
ne permet d'espérer le salut ni dans la république que
l'on nous a donnée, ni dans la monarchie? Il faut bien
cependant prendre un parti. En n'acceptant pas franchement le gouvernement républicain, on l'empêche
de se consolider, on entrave sa marche sans aucun
profit pour les idées monarchiques, et le bénéfice de
nos hésitations appartient tout entier à la démagogie.

Cela est vrai à un certain point de vue; seulement
la question n'est pas telle qu'on la pose. Il ne s'agit
pas en effet de monarchie ou de république; il s'agit
d'avoir un gouvernement fort, énergique, qui soit à
l'abri d'un coup de main, et qui permette à la France
de panser les blessures que lui a faites un régime dé-
sorganisateur.

Le problème, c'est de vivre ; c'est de n'avoir plus constamment le souci du lendemain ; c'est de savoir que les efforts tentés pour améliorer notre sort ne viendront pas se briser contre des obstacles auxquels il est défendu de porter la moindre atteinte.

Les hommes, les Français en particulier, trouvent un véritable plaisir à braver, dans leurs paroles et dans leurs écrits, les lois qu'ils ont acceptées ou qui leur ont été imposées ; mais le fait accompli a néanmoins pour eux une si grande autorité, que la conviction d'un péril, même immédiat, les décide rarement à changer les paroles en actes.

Ainsi s'explique le nombre considérable de républicains du lendemain, qui, tout en reconnaissant les vices du régime inauguré le 24 février, se proclament ses défenseurs.

Avant de proposer notre solution, examinons isolément les garanties qu'offriraient, pour le rétablissement définitif de l'ordre et de la sécurité publique, la restauration de la légitimité, le retour de la famille d'Orléans, la création d'une nouvelle dynastie impériale, enfin le maintien pur et simple de la république telle que nous l'a faite la constitution de 1848.

II.

La révolution de juillet fut beaucoup plus l'œuvre de la bourgeoisie que celle du peuple proprement dit. Car à cette époque, le peuple ne se mêlait guère des discussions qui agitaient les deux chambres ; la politique n'était pas descendue de la boutique dans l'atelier. Quant aux campagnes, elles s'inquiétaient moins encore du système suivi par le gouvernement. Néanmoins la répulsion qu'éprouvait la classe moyenne pour les tendances présumées de la branche aînée des Bourbons a gagné insensiblement les classes inférieures ; et, sans se rendre précisément compte de son inimitié, sans avoir prémédité le renversement du pouvoir établi, la multitude applaudit d'instinct à la chute de Charles X.

De là le peu de sympathie qui accueillerait, dans la majeure partie de la population, le retour de la légitimité, et que nous avons signalée. On ne sépare point, dans les masses, les mots de royalistes de ceux de *jésuites*, et il est bien entendu que jésuite signifie, pour le vulgaire, hypocrisie, retour au despotisme, rétablissement des anciens priviléges, suppression indéfinie de toutes les libertés.—Depuis la révolution de 1848, les journaux démocratiques ont d'ailleurs contribué puissamment à confirmer ces fausses doctrines.

Cependant, dans les circonstances suprêmes où nous sommes placés, la défiance généra'e pour ce qu'on appelle l'ancien régime ne suffirait pas à rendre absolument impossible le retour de M. le comte de Chambord. Le besoin d'en finir avec les causes permanentes d'agitation qui forment l'élément essentiel de notre Constitution, aurait pu triompher du mauvais vouloir inspiré au peuple. En lui faisant espérer l'amélioration progressive de son sort, peut-être le détacherait-on aisément de cette forme républicaine dont il n'a goûté que l'amertume. Les promesses du socialisme seraient bientôt dédaignées, si on avait l'habileté de s'occuper sérieusement du bien-être des populations nécessiteuses.

Pour que le peuple oublie ses vieux ressentiments, pour que la bourgeoisie renonce à ses préventions, il faudrait qu'il n'y eût qu'à choisir entre la royauté d'Henri V et la République.

Alors, sans doute, l'hésitation ne durerait pas longtemps, et tous les hommes d'ordre, sans distinction, tous ceux qui ne sont pas sous l'empire exclusif des préoccupations démagogiques, se rallieraient au principe sauveur quel qu'il fût. Vainement les républicains — non pas ceux de la veille, il n'y en avait pas trente mille, — mais les républicains convertis, le lendemain, par leur ambition, à un système dont le principal mérite est d'ouvrir une carrière sans limites aux aspirations les moins justifiées, s'opposeraient-ils au mouvement irrésistible qui entraînerait la presque unanimité des citoyens vers un ordre de choses stable et régulier. La mobilité de leur esprit en réconcilierait d'ailleurs bientôt un grand nombre avec les idées nouvelles.

Malheureusement, tout le parti de l'ordre n'est point représenté par le même drapeau.

A côté de la fraction légitimiste, s'appuyant sur la prétendue autorité de son principe, se trouve le parti d'Orléans, dont les alliés ont passé dans le camp de ceux qui se déclarent républicains modérés et constitutionnels, mais qui a sur les légitimistes cet avantage d'être moins antipathique à la population.

Il n'y a guère plus, à proprement parler, d'orléanistes en France. La famille du roi Louis-Philippe, malgré d'incontestables qualités privées et publiques, n'a laissé que des souvenirs isolés. Ses adhérents, c'étaient les gens d'affaires, les industriels, les commerçants, en un mot, cette bourgeoisie frondeuse de la Restauration qui, voyant dans la dynastie de Juillet son œuvre propre, la préférait à toute autre. Mais elle n'aurait pas sacrifié le plus mince de ses intérêts à la défense de *sa* dynastie, et elle l'a complétement oubliée le lendemain de sa chute, pour se rallier au gouvernement établi.

Aussi le parti orléaniste ne compte-t-il, en quelque sorte, aujourd'hui que pour mémoire et dans la prévision du renversement de la République.

Dans ce cas, en effet, il se réveillerait. Mais tant que la République se maintiendra, l'armée orléaniste restera l'armée du fait accompli, et se laissera également effrayer par la pensée d'une transformation monarchique et par celle du triomphe des socialistes, triomphe que les hésitations et les scrupules puérils de légalité rendront peut-être inévitable.

Il existe une inimitié profonde entre les partisans de la famille d'Orléans et ceux de la branche aînée. — Leur alliance prétendue est un rêve dont la réalisation présente les plus grandes difficultés. La raison en est simple; car, à part les motifs de haine que l'intérêt public pourrait étouffer, il y a pour s'opposer à cette alliance des motifs sérieux. D'un côté, le comte de Chambord n'a pas d'enfants, cela est vrai, mais il peut en avoir un jour ; il lui est donc interdit de sacrifier leur avenir. Et quand même il y consentirait, la question de savoir s'il a le droit de lier sa postérité resterait tout entière et préparerait une éventualité de troubles nouveaux pour une époque plus ou moins rapprochée. D'un autre côté, Mme la duchesse d'Orléans déclare que l'adoption avec toutes ses consé-

quences doit être la base essentielle d'un accord sérieux. Son fils étant actuellement l'héritier légitime de
M. le comte de Chambord, l'adoption pure et simple
serait, en effet, dérisoire.

. Mme la duchesse d'Orléans répugne d'ailleurs à
dénaturer l'origine élective des droits du comte de
Paris.

Le maintien de la République et peut-être même
l'élévation du président à la dignité impériale seraient
préférés par les amis exaltés de chacune des deux
branches, à la restauration de la branche rivale.

La création de l'empire ou le maintien de la forme
républicaine, telle qu'elle existe, n'offrent-ils pas aussi
d'inextricables difficultés?

Commençons par l'empire.

Nous ne nous appesantirons pas sur la différence des
époques et des situations. On ne saurait raisonnable-
ment la méconnaître. Et cependant les dangers de la
situation actuelle sont bien autrement graves que ceux
dont on s'effrayait en 1799; et à ce point de vue, les
prétentions de certains bonapartistes présentent un
côté spécieux.

Seulement les chances de réalisation diminuent chaque jour.

Les campagnes ont, au 10 décembre, acclamé
d'enthousiasme le neveu de l'empereur, moins comme

une protestation contre la République, — protestation
qui a été le but des habitants des villes, — qu'à cause
du nom magique de Napoléon agissant puissamment
sur de crédules esprits. L'image du grand capitaine
était suspendue dans presque toutes les chaumières,
son souvenir vivait partout immortel, et c'était presque
lui qu'on s'imaginait nommer. — Aussi la surprise fut-
elle générale dans la plupart des communes lorsqu'on
sut, à n'en pas douter, que c'était un simple magistrat, rééligible au bout de trois ans, et non pas un
empereur, qu'on avait proclamé.

Telle est l'origine réelle de la désaffection qui s'est
insensiblement répandue dans les masses, et la première cause des progrès des doctrines anarchiques et
des bulletins rouges qui furent, plus tard, déposés
dans l'une électorale. Ce sont les blancs, disaient les
agents socialistes, qui ont empêché le président de se
faire empereur. Les rouges sont ses vrais amis... Puis,
le premier pas fait, il était facile de modifier par la
calomnie les sentiments enthousiastes qui avaient
accueilli la candidature du prince Louis-Napoléon.

Les progrès ont été rapides parce qu'on n'avait à
agir que sur de faibles intelligences, et — pourquoi
le cacher ? — parce que les hommes d'ordre n'ont
pas consacré à la défense de leurs idées la centième
partie de l'énergie déployée par les démagogues, et
qu'ils ont perdu en discours stériles le temps précieux dont nos ennemis faisaient un si perfide usage.

Pendant que l'opinion conservatrice marchandait au gouvernement les moyens de protéger la société de tous côtés menacée, les anarchistes, unis dans une même pensée de destruction, nous donnaient le triste exemple d'une habileté et d'une discipline que nous constations sans l'imiter.

L'incurie du parti modéré a porté ses fruits. Le président, auquel d'imprudents amis voilaient la perte de sa popularité, a été trop tard convaincu, par des élections partielles, des inconvénients d'un appel réitéré au suffrage universel. Pour avoir hésité, le 20 décembre 1849, à briser une Constitution que ses électeurs ne prétendaient nullement l'obliger à respecter, il s'est condamné à voir détruire, en vertu de cette Constitution, le principe d'autorité dont il avait implicitement reçu mandat d'être, avant tout, le défenseur.

Et l'empire ne peut plus désormais être compté au nombre des éventualités réalisables.

Les partis monarchiques, d'ailleurs, qui, il y a quinze mois, n'osaient élever aucune prétention, s'opposeraient aujourd'hui à la création d'une nouvelle dynastie napoléonienne.

Enfin les raisons de famille ne seraient pas le moindre des obstacles que rencontrerait le prince Louis.

2

Reste la République.

Nous ne voulons pas justifier les hommes qui ont fait non pas la révolution de février, — car tout le monde a contribué à cette révolution, les uns, comme M. Guizot, par une résistance insensée aux idées libérales ; les autres, comme M. Odilon Barot, par l'exagération de ces idées, — mais qui ont fait la République. Ce fut un crime que leur ambition désordonnée les poussa à commettre, lorsqu'il dépendait de leur seule volonté de donner définitivement à la France ce régime constitutionnel rêvé par Lafayette, — d'une monarchie entourée d'institutions républicaines.

Cependant il faut reconnaître que la plupart de ceux qui formèrent le gouvernement provisoire, après avoir déchaîné les tempêtes révolutionnaires, firent courageusement des efforts, dont on doit leur tenir compte, pour en amoindrir les funestes effets.

On leur reproche de n'avoir pas immédiatement réagi avec vigueur contre l'esprit démagogique qui dominait les masses, et l'on oublie que cette réaction, possible et utile aujourd'hui, eût alors créé d'inévitables périls ; on les accuse de s'être montrés faibles ou indécis à l'égard des chefs de clubs qui venaient dicter insolemment à la France leurs volontés souveraines, et l'on ne se souvient plus que ces clubs étaient tout-puissants à Paris, et qu'une résistance prématurée à certaines exigences serait devenue le signal des plus affreux malheurs.

Mais ce qui était indispensable comme transition devenait également dangereux à l'état de permanence. C'est ce que n'ont pas compris les hommes dont nous venons de constater les services. Tombés du pouvoir par leur faute, ils n'ont pu se consoler de leur chute, et ils s'en sont vengés en faisant cause commune avec les ennemis dont ils avaient si énergiquement combattu les opinions désorganisatrices (1).

La Constitution fut votée, comme toutes les mesu-

(1) Le mot de Caussidière : *faire de l'ordre avec du désordre*, était plus profond et plus vrai qu'on ne croit. Faire de l'ordre en cédant parfois, sur quelques points insignifiants et sans dangers réels pour la sécurité publique, aux désirs de ceux qui, après tout, étaient les maîtres, fut aussi habile que loyal. On a beaucoup calomnié Caussidière et la plupart des hommes qui, du mois de mars au mois de mai 1848, furent à la tête du gouvernement. Il ne faut pas sans doute leur savoir trop de gré du zèle qu'ils déployèrent, car ils étaient aussi intéressés que nous au maintien de l'ordre; mais pourquoi leur supposer, dès cette époque, une arrière-pensée démagogique? N'occupaient ils pas les positions les plus élevées ? Que pouvaient-ils souhaiter si ce n'est de s'y maintenir en régularisant l'état de choses improvisé par eux ? Quelques mois plus tard, lorsqu'ils eurent quitté le pouvoir, les circonstances durent modifier leurs idées ; les conservateurs du gouvernement provisoire devinrent les adversaires de la commission exécutive et du général Cavaignac, et les ennemis implacables du prince, dont l'avénement à la présidence ruinait leurs espérances ambitieuses. C'est également ainsi que, contrairement à toute logique, les transporteurs de juin font aujourd'hui cause commune avec ceux qu'ils transportèrent. Mais est-ce une raison pour que nous, qui sommes restés les ennemis des anarchistes, nous méconnaissions les services rendus, il y a deux ans, par leurs nouveaux alliés?

res prises jusqu'à l'élection du président et postérieurement même à cette élection, sous la pression morale des événements qui s'étaient accomplis. Ce n'était qu'un expédient destiné à faire face aux nécessités immédiates et à donner satisfaction aux passions surexcitées de la multitude. — Les auteurs de ce code informe et incomplet ont eux-mêmes prévu ses imperfections et ses dangers, puisqu'ils ont déclaré qu'il pouvait être révisé après une épreuve de deux années.

En temps de révolution les événements se précipitent. Qui donc aurait prévu, le 28 avril 1848, que M. de Lamartine, nommé par deux millions de voix, et auquel la France entière eût décerné la présidence si elle avait été consultée, ne serait pas réélu, un an après, dans le lieu même de sa naissance? Et, le 10 décembre, où trouver un esprit assez perspicace pour deviner la transformation complète qui s'est opérée, en moins de quinze mois, dans les idées de ces cinq millions six cent mille voix acclamant alors la candidature de Louis Napoléon Bonaparte?

Ce qui est arrivé pour M. de Lamartine et pour le président de la république est arrivé aussi pour la Constitution.

Contrairement aux prévisions générales, ses vices ont été reconnus avant le terme fixé, et ces vices sont tels, que si l'on ne s'occupe immédiatement de les détruire, le pays est en danger de mort.

En d'autres termes, il est désormais un fait certain, c'est que la République ne peut plus subsister avec les garanties qu'exigent l'ordre et la stabilité, si l'on persiste à s'attacher hypocritement à la lettre de la Constitution.

Suffisante pour l'époque où elle fut promulguée, l'œuvre des constituants ne répond plus aux nécessités nouvelles que nous ont créées les progrès effrayants de la propagande démagogique.

La question est donc pour nous résolue : de même que la restauration de la légitimité, le retour de la famille d'Orléans et la création d'une nouvelle dynastie impériale, le maintien pur et simple de la République, telle que nous l'a faite la Constitution, est impossible.

III.

Chateaubriand, qui, sans être un homme politique d'une grande portée, montrait parfois une certaine justesse d'appréciation, a dit : « La France est folle d'égalité, mais de liberté ne se soucie guère. »

Dans ce peu de mots se trouve l'explication de cette passion subite de beaucoup de gens pour la République, c'est-à-dire pour un état de choses qui a pour base essentielle l'égalité. Que la liberté soit momentanément supprimée, peu leur importe ; ils savent que l'égalité est, bien plus que la liberté, le principe de la forme républicaine, et cela leur suffit. Aussi, la plupart de ceux que le 24 février avait terrifiés verraient-ils avec un profond regret le retour d'une monarchie.

Pendant dix-huit ans, le système suivi par Louis-Philippe fut de préférence un système de bascule que la qualification de *juste milieu* définissait exactement. Ne prendre aucun parti, mais n'en repousser aucun ; promettre beaucoup, et tenir le moins possible ; en un mot, s'abstenir plutôt qu'agir, telle a été constamment la politique de ce roi, que ses ennemis eux-mêmes déclaraient habile. Or, par une contradiction étrange chez un homme qui mieux qu'un autre pouvait apprécier les

causes de la chute de la branche aînée des Bourbons,
puisqu'il ne fut pas étranger à ces causes, il n'adopta
les voies tortueuses, en matière de gouvernement, que
pour amener plus sûrement le retour de cette royauté
absolue si vivement désirée par la Restauration ; il ne
comprit pas que la France avait entendu rompre pour
toujours avec les vieilles formes monarchiques, et que
l'élu des barricades devait se résigner à être moins un
prince qu'un magistrat héréditaire.—De là, toutes ses
fautes.—Au lieu d'entrer franchement dans l'esprit de
la Charte, et de s'en faire une arme invincible contre les
répugnances des cours étrangères et contre les difficultés de la politique intérieure, il se crut roi par droit
d'héritage, et tous ses efforts tendirent à se faire accepter comme tel. La paix devait servir à l'accomplissement
de ses projets, en lui donnant pour adhérents tous ceux
dont la fortune se trouvait liée au maintien de la prospé-
rité un peu factice que l'industrialisme avait créée. Aussi
voulut-il la paix à tout prix ; et il ne fallut rien moins
qu'un motif d'intérêt exclusivement personnel pour le
décider, en 1846, à braver les ressentiments de l'Angle-
terre. — Nouvelle faute qui contribua puissamment à
la chute de Louis-Philippe.

Quoique doué d'un esprit fin et d'une intelligence
peu ordinaire, l'absence de toute passion généreuse et
un froid égoïsme lui firent constamment envisager les
questions politiques à un point de vue rétréci. — Pourvu
que les rapports officiels lui annonçassent chaque an-

née un développement dans l'industrie et dans le commerce ; pourvu que les relations extérieures ne lui fussent pas trop désagréables, il avait l'intime conviction que son système de gouvernement était le meilleur qu'on pût suivre, et il dédaignait les sages avertissements que lui donnaient des hommes dévoués dont on a eu le tort de confondre, plus tard, l'opposition modérée et conservatrice, avec l'opposition implacable du *National* et de la *Réforme*.

Le résultat dépassa toutes les prévisions ; car personne ne croyait à l'avénement de la République, pas plus ceux qui la proclamèrent, que ceux dont elle anéantissait toutes les espérances.

Cependant, quoique le peuple de Paris, ou plutôt une fraction de ce peuple, ait alors imposé la volonté de quelques-uns de ses chefs au gouvernement provisoire lui-même, et par suite à l'universalité de la nation que les tendances réactionnaires du pouvoir avaient justement irritée, mais qui prétendait conserver la royauté comme une institution utile, nécessaire, et dont il fallait seulement modifier les prérogatives, — on ne peut nier la profonde indifférence qui suivit le renversement de la dynastie de juillet. Elle avait basé sa puissance sur les intérêts matériels ; dès que les intérêts matériels eurent l'espoir trompeur de voir renaître la sécurité avec le nouveau gouvernement, ils oublièrent celui qui était tombé pour leur avoir si imprudemment sacrifié le culte des idées généreuses au nom desquelles la France avait fait la révolution de 1830.

La République offrait, d'ailleurs, cet avantage d'être l'expression la plus complète de quelques-unes de ces idées.

Avoir le droit de s'élever aux plus hautes fonctions, et même à la dignité de chef de l'Etat, par le seul fait de sa qualité de citoyen, sans qu'on pût exiger d'autres garanties que celle de la confiance des électeurs, c'était arriver d'un bond à la dernière limite des espérances que les principes libéraux avaient fait naître dans la plupart des esprits.

Les doctrines des philosophes qui ont préparé la révolution de 1789, développées pendant soixante ans, commentées et souvent défigurées, ont pris racine dans toutes les couches de la société et insensiblement changé les idées des classes ignorantes comme celles des classes éclairées. — C'est la loi naturelle du progrès, qui a modifié les opinions comme les usages, les mœurs, et même les arts et les sciences. — Le joug de fer imposé par l'empereur, joug nécessaire d'abord et, dans la suite, intolérable, ne put qu'entraver, mais non pas changer la marche des nouveaux principes. Napoléon les consacra, d'ailleurs, à un certain point de vue, en faisant de l'égalité civile la clef de voûte de l'édifice qu'il voulait fonder. La Restauration et le règne de Louis-Philippe, grâce au régime constitutionnel et surtout à la presse, ne pouvaient que contribuer puissamment à développer le germe de ces principes. Aussi la génération actuelle avait-elle depuis longtemps, en quelque sorte à son insu et sans s'en rendre exactement compte, des aspirations égalitaires, nous dirions presque républicaines, que les difficultés d'application et la crainte des bouleversements tenaient étouffées, mais qui, à la suite du 24 février, devaient nécessairement se faire jour.

Chez ceux que la raison éclaire, ces aspirations se manifestent par le désir de voir maintenir la République en la préservant des excès de la démagogie; chez ceux au contraire qui se laissent dominer par les passions brutales, et qui, dans l'avénement des principes d'égalité politique absolue, n'ont vu qu'un premier pas fait vers une égalité matérielle chimérique, irréalisable, elles revêtent les couleurs du socialisme.

Car le socialisme n'est que l'exagération inintelligente des idées chrétiennes et philosophiques.

Le but des uns et des autres, c'est toujours la consécration de l'égalité.

La liberté n'est pour eux qu'un accessoire dont les besoins publics peuvent exiger le sacrifice momentané. Mais ils ne consentiraient pas à voir décréter le plus insignifiant privilége.

Il est vrai que si la suspension de certaines libertés est, dans des cas exceptionnels, une mesure utile de salut social, on ne saurait en dire autant de la suspension du principe de l'égalité devant la loi. — Et c'est là peut-être la justification de ces amants passionnés des doctrines égalitaires qui, pour en assurer le triomphe, ont compromis la liberté.

Malheureusement, le niveau des démolisseurs ne tend pas à transformer seulement en fait l'égalité qui existe en droit, par l'amélioration progressive du sort des classes pauvres et par leur moralisation. Ils veulent niveler, en rabaissant à leur taille tout ce que le travail, l'éducation, l'intelligence et la fortune ont élevé ; ils fournissent ainsi un puissant argument à ceux qui demandent le renversement de la République par ce motif qu'elle est la source des plus mauvaises aspirations.

Et pourtant, nous le répétons, les hommes sensés qui, se rappelant que 93 fut la conséquence de 91, ont vu confirmer leurs appréhensions par les deux années d'épreuve que nous avons subies, ne sont pas en majorité dans le pays. Sans doute ils entraîneraient cette majorité par la persuasion et par le besoin impérieux que chacun éprouve d'en finir avec l'agitation perpétuelle du gouvernement républicain, s'ils n'étaient pas eux-mêmes divisés sur la nature de la monarchie qu'il conviendrait de donner à la France.

Mais, nous l'avons démontré plus haut, leurs divisions ne permettent pas d'espérer un accord définitif ; et la République est le seul terrain neutre sur lequel ils consentent à se faire de mutuelles concessions.

IV.

Il faut donc maintenir la République, mais en détruisant radicalement les causes de perturbations que fait naître l'application rigoureuse de la Constitution.

La révision de la Constitution est la première des garanties que demandent et ceux qui ne croient ni à la possibilité de la restauration de l'une des deux branches ni à la création de l'empire, et les partisans exclusifs de la forme républicaine.

Nous ne parlons pas des partis extrêmes. Ils forment un mélange de fous, de misérables et de niais dont le succès ne pourrait être qu'éphémère, et qui, bientôt débordés par les excès d'une populace aveugle ou par les extravagances d'une réaction stupide, nous livreraient sans défense aux baïonnettes étrangères.

Quant à la fraction des républicains honnêtes qui ont l'ingénuité de déclarer le maintien intégral de la Constitution compatible avec l'ordre et la stabilité, elle n'est pas assez nombreuse pour qu'on doive compter avec elle. — Cette fraction insignifiante se compose des hommes qui, par l'organisation des banquets, en 1848, ont amené, sans le prévoir et sans le vouloir, la révolution du 24 février.

La nécessité d'une révision immédiate étant admise, comment doit s'opérer cette révision ?

Est-ce en faisant un appel à une assemblée spéciale? Nous ne le pensons pas.

La loi électorale, récemment promulguée, restreignant le nombre des électeurs, l'assemblée de révision ne pourrait être élue qu'en vertu de cette loi. Or, il serait à redouter que les nouveaux constituants ne vissent leur autorité contestée sous le prétexte—prétexte spécieux—que, n'étant pas l'expression du suffrage universel absolu, complet, ils n'ont pas le droit de porter atteinte à l'œuvre des délégués auxquels tous les citoyens, sans exception, avaient donné mandat de poser les bases du gouvernement républicain.

Peut-on faire la même objection à l'Assemblée législative? Evidemment non.

Comme la Constituante, elle a été nommée par tous ceux qui se trouvaient, de droit, électeurs par le seul fait de leur âge. Bien plus, les élections du 13 mai 1849 n'ayant eu lieu ni sous l'empire de la terreur, qui est la conséquence immédiate de toute révolution, ni sous l'influence des commissaires extraordinaires, ainsi que nous l'avons vu en 1848, les divers partis sont forcés d'avouer qu'elles furent la véritable expression de la volonté nationale.

Il est donc évident que, représentant les mêmes électeurs que la Constituante, c'est-à-dire la souveraine puissance du peuple, telle que l'entendent les ultradémocrates, l'Assemblée actuelle a le droit de réviser la Constitution.

D'ailleurs, une raison péremptoire empêche la révision par les moyens qu'indique cette Constitution : il faudrait obtenir l'assentiment des TROIS QUARTS des membres de l'Assemblée, et les fractions réunies du parti conservateur ne suffiraient pas à former ce nombre.

Des esprits timorés prétendent, il est vrai, que la majorité reculera devant la responsabilité d'une mesure aussi grave que celle de la révision immédiate du pacte fondamental de la République.

De pareilles craintes nous paraissent exagérées.

L'esprit de parti,—le désir de ne donner qu'une existence éphémère au pouvoir actuel,—assez puissant pour repousser la loi des maires et toutes celles dont l'impérieuse nécessité ne sera pas démontrée, abdiquera toujours en présence de dangers imminents ; et, le moment venu de laisser périr la France ou de la sauver, les fractions, aujourd'hui désunies, des hommes d'ordre se rallieront, comme elles l'ont déjà fait pour réviser la loi électorale.

Certaines considérations particulières, des engagements envers le passé, des espérances dans l'avenir, sont, en effet, des motifs suffisants, dans les temps ordinaires, pour créer une opposition tracassière et mesquine ; mais lorsque la question posée par les événe-

ments devient une question de vie ou de mort, on ne
doit plus redouter les hésitations ni les faux scrupules
de légalité. La conscience du péril suppléerait, au besoin, au patriotisme.

La majorité, dans les grandes circonstances, se
laisse volontiers guider par ses chefs ; chacun d'eux a
derrière lui un groupe qui vote suivant un mot d'ordre
préalablement discuté. Ce mot d'ordre n'est pas dicté,
ainsi que le croient beaucoup de gens de très-bonne
foi, par une arrière-pensée royaliste qui sacrifierait
l'intérêt du pays à l'espoir insensé de voir surgir la
monarchie de l'abîme vers lequel nous mène fatalement la Constitution. A quelques exceptions près, les
hommes éminents qu'un talent reconnu et des services
incontestables ont placés à la tête du parti conservateur,
sont loin d'être systématiquement hostiles au maintien
de la République. Leur intérêt particulier se trouve
même, selon nous, d'accord avec l'intérêt public pour
éloigner l'arrière-pensée qu'on leur prête. Ne sont-ils
pas plus puissants qu'ils ne peuvent espérer l'être
sous la monarchie? Une question de quelque importance est-elle soulevée avant qu'ils aient donné leur
avis? Le président ose-t-il nommer un ambassadeur,
un préfet, et souvent les fonctionnaires d'un rang infé-
rieur, avant d'avoir consulté le conseil occulte qui di-
rige les affaires de l'Etat, à l'abri de toute responsabilité? Et chaque fois que l'on a voulu se soustraire à son

omnipotence, n'en a-t-on pas éprouvé des regrets? N'a-t-on pas été forcé de reconnaître qu'il est impossible de gouverner sans le concours de ceux qui représentent la majorité législative?

Les périls qui naîtraient de toute autre solution nous font penser que les chefs du parti conservateur — et par conséquent les diverses nuances de ce parti — seront unanimes pour accepter la révision, par l'Assemblée, de la Constitution de 1848.

V.

Le premier acte de l'Assemblée législative, transformée en assemblée de révision, doit être de donner plus de stabilité au pouvoir exécutif. Si le maintien de la république peut seul empêcher aujourd'hui les bouleversements qui résulteraient du conflit des partisans de la monarchie, ce n'est qu'à la condition d'offrir de sérieuses garanties aux véritables intérêts sociaux.

Et la plus essentielle de ces garanties se trouve dans la faculté qu'aurait le pays de réélire le président.

Un des graves reproches adressés à la forme républicaine n'est-il pas, en effet, de borner l'horizon politique à des périodes de quatre années et de remettre alors tout en question ?

Car, il ne faut pas se le dissimuler, bien des événement s'accompliront avant que les idées démocratiques aient fait en France de tels progrès, que le chef de l'Etat se considère comme un simple magistrat, destiné par la loi fondamentale à quitter la souveraine autorité, sans regret et sans arrière-pensée. L'espoir d'une réélection doit rester dans son esprit comme un stimulant pour faire le bien et pour prévenir des tentatives insensées et coupables, à l'expiration de son mandat.

N'est-il pas contraire à l'équité, au bon sens, au principe de la souveraineté nationale, qu'on ne puisse renouveler un mandat à celui qui l'a déjà rempli d'une manière satisfaisante, et que la loi crée un obstacle à la manifestation des sympathies et de la reconnaissance du pays ?

Il n'est pas de subtilité démocratique qui puisse détruire la force de cet argument.

Dans la situation actuelle, est-il un homme de l'opinion modérée assez aveugle pour contester les difficultés d'exécution et les dangers que renferme l'article 45 de la Constitution ?

Malgré les tendances égalitaires de l'esprit français, nous n'étions préparés, en 1848, ni par nos mœurs, ni par nos habitudes, ni par notre éducation, à toutes les exigences de la forme républicaine.

Une transition était nécessaire, non-seulement pour rétablir l'ordre, mais pour nous accoutumer insensiblement à l'agitation constante qui est l'essence de cette forme de gouvernement. Et c'est pour opérer cette transition qu'on doit faire disparaître l'instabilité constitutionnelle du pouvoir exécutif.

Ce fut une grande faute de la part des hommes qui voulurent fonder la république que de n'avoir pas compris combien il est impossible de rompre brusquement avec les usages, avec les traditions. Pour s'être imaginé que la France avait perdu, en vingt-quatre heures, tout souvenir du passé, ils ont sérieusement compromis l'avenir ; et il faut aujourd'hui, par une mesure extra-légale, réparer les erreurs qu'un fol orgueil les poussa à commettre.

Cependant, la faculté de réélir indéfiniment le prince Louis Napoléon ne suffirait pas pour détruire les chances certaines de troubles que produirait l'expiration simultanée des droits du pouvoir exécutif et de ceux du pouvoir législatif. Il faut que, par une dérogation exceptionnelle au principe nouveau, l'assemblée de révision prolonge jusqu'au 1er mai 1854 le mandat confié au président, et qu'à compter seulement de cette époque on consulte périodiquement les électeurs.

Quant à cette assemblée, les pouvoirs extraordinaires qu'elle se sera attribués pour réviser la Constitution, lui feront un devoir de ne point dépasser le terme fixé à l'expiration de son mandat. Elue pour trois ans, il lui est interdit de prolonger son existence, sous peine de voir contester son autorité et de fournir un prétexte spécieux aux agitateurs.

La position du président et celle de l'assemblée ne sont point identiques. Louis Bonaparte, en consentant à une prorogation de pouvoirs, ne sera pas infidèle à son origine ; il obéit à la volonté des représentants de la nation, c'est-à-dire à la nation elle-même. Ces représentants ne pourraient invoquer les mêmes motifs, puisqu'ils seraient seuls juges de leur propre cause.

Peut-être en 1854, commencera-t-on à accepter généralement la République, et, dans tous les cas, cinq annécs d'exercice auront permis d'apprécier les bienfaits ou les mécomptes du gouvernement confié au neveu de l'empereur. Les reproches qui lui ont été adressés par les conseillers imprudents qui l'accusent de n'avoir point fait assez dans l'intérêt de l'ordre et dans son propre intérêt, et par les adeptes de la démocratie ou de la monarchie qui lui supposent maintenant des pensées trop ambitieuses, se seront évanouis devant la réalité.

Cette période de cinq années n'est-elle pas nécessaire pour apprécier exactement le mérite du chef actuel de l'État? C'est un temps d'épreuve rendu indispensable par la brusque transformation que la société a subie le 24 février 1848.

On ne saurait trop se hâter, d'ailleurs, de raviver la confiance en faisant cesser toute équivoque.

Les légitimistes, intéressés à répandre dans la population certains doutes sur les dispositions particulières du président, accepteront le maintien du gouvernement.

provisoire inauguré le 20 décembre, dans la crainte de complications inévitables pour 1852, et surtout parce qu'ils redoutent le triomphe des orléanistes. La raison contraire déterminera ces derniers. Enfin, le parti républicain constitutionnel comprendra sans doute qu'il vaut mieux sauver la République en sacrifiant la Constitution, que de compromettre fatalement l'existence de l'une et de l'autre.

Il est bien entendu que nous parlons exclusivement ici des hommes chez lesquels l'intérêt du pays domine tous les autres intérêts, et qui se refusent à parodier le mot fameux de Grégoire : « Périssent les colonies plutôt qu'un principe ! »

Les progrès incontestables des idées démocratiques, depuis la révolution de 1848, ne permettent pas de songer à la création de deux chambres, dont l'une servirait de contre-poids à l'autre. Une assemblée unique est plus conforme à l'opinion que se fait le peuple des rouages du gouvernement républicain ; et l'on ne saurait, sans danger, braver cette opinion. — Mais si toute apparence de sénat, même électif, doit éveiller les fausses susceptibilités des masses, elles comprendront mieux la nécessité de conjurer l'agitation qui résulte d'élections générales renouvelées trop fréquemment. — Aussi est-il hors de doute qu'on ne ferait aucune objection sérieuse à la nomination des représentants pour cinq années, à la condition qu'un cinquième des membres de l'assemblée seraient soumis chaque année à une réélection. — Cette période commençant le 1ᵉʳ juin 1852, un intervalle de deux ans séparerait toujours l'époque de l'élection du président de celle des élections générales

La durée des sessions ne devrait pas, dans les circonstances ordinaires, dépasser quatre mois. Il est en effet dangereux d'occuper une assemblée délibérante pendant un plus long espace de temps. — Les discussions de la tribune sont des causes permanentes d'agitation et d'inquiétude que l'on ne doit pas prolonger sans une absolue nécessité.

Le public se fatigue plus vite que ne le croient généralement les hommes politiques, de ces luttes de la parole qui modifient bien rarement les opinions arrêtées, et dont le seul résultat est souvent de suspendre les transactions en inspirant des craintes pour l'avenir.

Une autre cause permanente d'agitation et d'inquiétude, la plus dangereuse de toutes, — on l'a dit avant nous, — c'est la presse.

L'abus des publications quotidiennes, hebdomadaires, mensuelles, excite sans cesse l'esprit des populations ignorantes ou crédules. Aucun gouvernement, quel qu'il soit, ne résistera à ces attaques renouvelées chaque jour sous des formes diverses. —Les lois fiscales sont insuffisantes pour prévenir les excès de l'écrivain. Le cautionnement et le timbre n'ont point été une digue assez forte, sous la Restauration et sous la monarchie de juillet, pour empêcher l'infiltration d'abord, et plus tard le débordement des idées quelquefois justes et utiles, mais généralement fausses et exagérées que contenaient les journaux. Et ce n'est pas seulement la forme du gouvernement qui est en question aujourd'hui. — Toute-puissante pour détruire, la presse sert rarement à édifier. Cependant, —étrange contradiction! —malgré l'évidence du mal que l'on déplore, le pouvoir ne porterait pas impunément atteinte, avec des lois préventives, au droit consacré par les mœurs d'exprimer librement sa pensée. La seule concession que fasse l'opinion publique aux exigences de la situation, c'est de reconnaître l'inefficacité du châtiment infligé à celui qui, dans ses écrits, provoque constamment à la violation des principes sur lesquels reposent toutes les sociétés humaines.

Il serait superflu d'examiner en détail les conséquences désastreuses qu'aurait le maintien des lois pénales appliquées actuellement aux crimes de la presse. Les nombreux acquittements prononcés par un jury trop souvent imbu des fausses doctrines du journal même qu'il est chargé de juger, constatent le besoin d'une juridiction spéciale, indépendante, souveraine.

L'Assemblée doit, en conséquence, modifier l'article 83 de la Constitution qui attribue exclusivement au jury la connaissance des délits commis par la voie de la presse, et créer pour juger, non pas les *délits*, mais les CRIMES de la presse, une haute cour ayant le pouvoir, dans certains cas spécifiés, d'assimiler au crime de vol, de meurtre, d'insurrection, l'excitation par la voie de la presse au vol, au meurtre, à l'insurrection.

Et que l'on ne nous accuse pas de renouveler ici les doctrines de la complicité morale. C'est la complicité réelle que nous voulons seule atteindre ; car celui-là est coupable en fait, qui charge le fusil dont fait usage l'assassin.

D'ailleurs, lorsque, par dérogation à cet article 83, qui porte aussi : « La connaissance de tous les délits politiques appartient exclusivement au jury, » l'article 91 déclare « qu'une haute cour de justice juge, sans appel ni recours en cassation, toutes personnes prévenues de crimes, attentats ou complots contre la sûreté intérieure de l'Etat, que l'Assemblée aura renvoyées devant elle, » n'est-on pas fondé à accuser la Constitution d'un oubli en ce qui concerne les *crimes* de la presse, et n'est-ce pas un impérieux devoir pour l'assemblée de révision que de réparer cet oubli ?

Il est d'autres mesures utiles, mais secondaires, qui importent à la sécurité publique, et que l'Assemblée et le Président devraient prendre d'un commun accord, dès que leurs pouvoirs se trouveront régularisés par les modifications indispensables apportées à la constitution.

Nous nous bornerons à indiquer quelques-unes de ces mesures.

C'est la suppression généralisée de la garde nationale jusqu'à l'époque où, le calme étant définitivement rétabli, on puisse, sans danger, réorganiser cette institution essentiellement républicaine ;

La création d'un ministère de la police et la division du territoire en zones de surveillance correspondant aux cinq grands commandements militaires qui existent aujourd'hui ;

Enfin, l'augmentation du corps spécial de la gendarmerie mobile, dans lequel on admettrait indistinctement tous les soldats que le manque complet d'instruction empêcherait d'obtenir un grade, mais dont la bonne conduite mériterait une récompense.

––––––––

Mais, quoique de pareilles mesures soient, selon nous, d'une grande importance, leur développement dépasserait le cadre que nous nous sommes tracé.

Nous avons voulu seulement indiquer la possibilité d'une solution qui n'entraînerait peut-être ni secousses, ni troubles, ni conflits sanglants, et nous pensons l'avoir trouvée dans :

Le maintien de la forme républicaine ;

La révision immédiate de la Constitution par l'Assemblée actuelle ;

La prolongation, pendant deux ans, des pouvoirs du prince Louis Napoléon ;

Le droit conféré aux électeurs de réélire indéfiniment le président de la République, par périodes de cinq années ;

La création d'une juridiction spéciale pour les crimes commis par la voie de la presse.

VI.

Telle est la solution que nous proposons.

Des esprits aventureux, qui, dans leurs appréciations de l'avenir, se laissent influencer, à leur insu, par l'événement du jour ou par celui de la veille, en ont rêvé un autre.

Le général Changarnier leur paraît appelé à jouer le rôle de Monck, ou tout au moins à recueillir prématurément l'héritage du président de la République.

La réalisation de semblables hypothèses présenterait des difficultés de plus d'un genre.

Le général Changarnier est digne de tous les respects ; c'est désormais l'une des clefs de voûte sur lesquelles repose l'édifice social ; on ne peut se priver de son précieux concours ; — il est le symbole de l'ordre et de la confiance. — S'ensuit-il cependant qu'on doive le poser en antagoniste du prince Louis Napoléon? Quelques flatteurs l'ont dit. Mais, dans le cas d'un conflit impossible que les ennemis du repos public ont souvent annoncé, le président trouverait dans les rangs de l'armée des sympathies dont personne ne pourrait lui disputer le privilége. La position personnelle du chef de l'État est trop élevée pour exciter la jalousie. — Le commandant en chef de l'armée de Paris, au contraire, malgré l'éclat de ses services, ne sera jamais considéré par ses frères d'armes que comme un égal. Sa haute situation excite de nombreuses inimitiés qui, étouffées sous la discipline dans les temps réguliers, se manifesteraient au moment de la lutte.

Et le résultat de cette lutte serait peut-être le triomphe de l'anarchie.

Le général Changarnier ne l'ignore pas. Aussi ne songe-t-il nullement à se poser en compétiteur d'un Bonaparte, et il est trop loyal pour ne pas gémir des folles idées de ses partisans exclusifs.

Une prorogation de dix ans a été également proposée comme solution.

Sans doute, une pareille solution serait préférable si elle était admise. Le pays y souscrirait ; mais l'Assemblée, qui ne représente qu'imparfaitement l'opinion du pays, ne l'admettrait pas.

C'est une des conséquences forcées de la révolution inattendue qui nous a précipités en république, que cette répugnance des anciens partis à abdiquer complétement leurs prétentions et à faire au pouvoir nouveau d'autres sacrifices que ceux exigés impérieusement par le salut public.

Quoique, dans notre conviction profonde, la solution que nous avons indiquée soit la seule possible aujourd'hui, nous ne nous dissimulons pas les objections qui lui seront faites.

Les uns l'accuseront de n'être qu'une solution *provisoire ;* d'autres la repousseront dans la crainte qu'elle ne devienne une solution *définitive.*

Que les uns et les autres ne se bornent pas à critiquer nos moyens ; qu'ils nous indiquent les leurs.

Nous souhaitons qu'ils n'aboutissent pas fatalement à une impasse dont la seule issue serait un coup d'État !

Juillet 1850.

PARIS. — IMPRIMERIE DE NAPOLÉON CHAIX ET Cⁱᵉ, RUE BERGÈRE, 20.

* 9 7 8 2 0 1 1 7 9 2 1 7 4 *